GIULIA DAVIDSSON

WEIHNACHTS-BACKEN EXPRESS

FOTOGRAFIE: MATHIAS NEUBAUER, COCO LANG

INHALT

Öffnen Sie die Klappen dieses Buches.
Dort finden Sie die wichtigsten Infos zum Thema auf einen Blick!

DAS PRINZIP:
EXPRESS-BACKEN

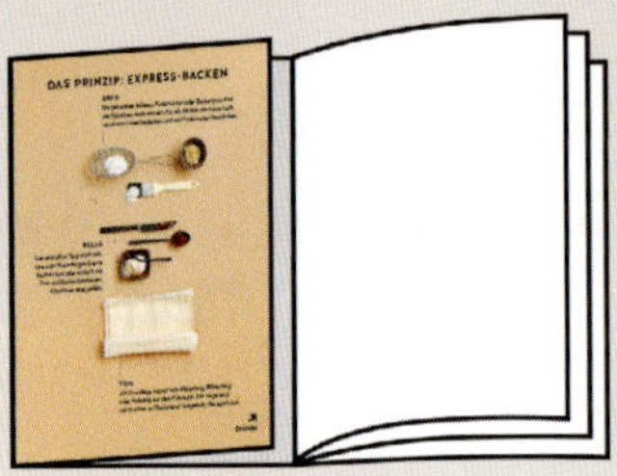

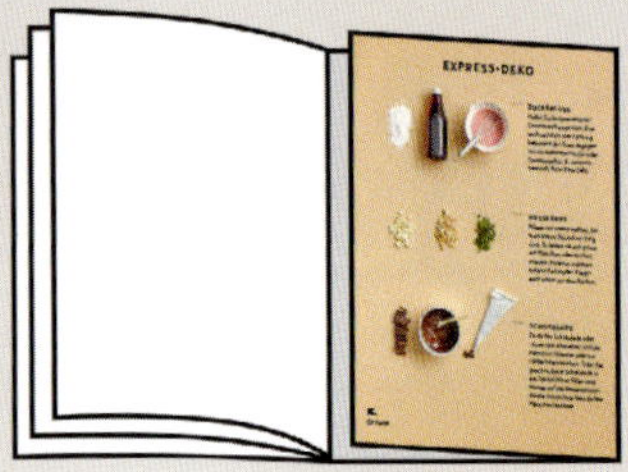

EXPRESS-DEKO

Immer griffbereit:

SO GEHT'S:
MÜRBETEIG
ZUBEREITEN

Immer griffbereit:

SO GELINGT'S:
TIPPS & TRICKS

GU
CLOU

Wussten Sie schon, dass ...?
Entdecken Sie bei einigen ausgewählten Rezepten ganz besondere Tipps mit verblüffendem Insiderwissen.
Aha-Momente garantiert!

Mit diesem Symbol sind alle veganen Gerichte gekennzeichnet.

Die Backzeiten können je nach Herd variieren. Unsere Temperaturangaben beziehen sich auf das Backen im Elektroherd mit Ober- und Unterhitze.

Sammeln Ihrer Lieblingsrezepte mit der »GU Kochen Plus«-App (siehe S. 64)

REZEPTKAPITEL

GIULIA DAVIDSSON

Für die gelernte Konditorin ist die Weihnachtszeit eine ganz besondere Zeit im Jahr. Im ganzen Haus duftet es nach Gewürzen und frisch gebackenen Plätzchen. Aber selbst bei ihr muss es manchmal fix gehen. Ihre liebsten Rezepte für schnellen Plätzchengenuss verrät Giulia auf den folgenden Seiten.

Warum Weihnachtsbacken Express?
Als Konditorin ist es meine Leidenschaft, aufwendige Torten und Gebäck herzustellen und zu verzieren. Vor allem für Weihnachtsplätzchen nehme ich mir immer besonders viel Zeit. Aber wer kennt es nicht: Weihnachten steht plötzlich vor der Tür, alle Plätzchen sind schon aufgegessen oder man kam erst gar nicht dazu welche zu backen. Deshalb zeige ich Ihnen hier, wie Sie Klassiker und neue Kreationen noch schneller zubereiten können.

Was ist mir besonders wichtig?
Qualität und Frische der Zutaten liegen mir besonders am Herzen. Nur dann kann man ein außergewöhnliches Aroma schaffen. Für das Express-Backen sind Fertigteige eine gute Wahl. Sie haben inzwischen eine hohe Qualität und sind absolut gelingsicher. Deshalb kann man sie guten Gewissens kaufen. Da die Teige meist schon ausgerollt sind, sparen Sie viel Zeit.

Wie lagern die Plätzchen am besten?
Um die Plätzchen so lange wie möglich genießen zu können, bewahre ich sie in Blechdosen an einem kühlen Ort auf. Darin lagern sie lichtgeschützt. Damit die Plätzchen nicht zusammenkleben, lege ich Butterbrotpapier zwischen die einzelnen Schichten. Würzige Kuchen werden am besten in Frischhaltefolie gewickelt und ebenfalls kühl gelagert. So trocknen sie nicht aus. Und zum Schutz vor Naschkatzen verstecke ich meine Schätze gerne im Keller.

BLITZ-PLÄTZCHEN MIT 3 ZUTATEN

1 Rolle frischen süßen Mürbeteig mit Butter (350 g, aus dem Kühlregal) auf der Arbeitsfläche entrollen.

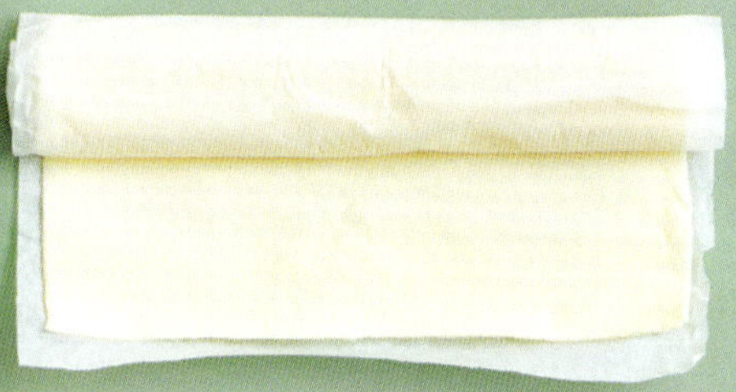

Mit 150 g Himbeer-Johannisbeer-Konfitüre bestreichen.

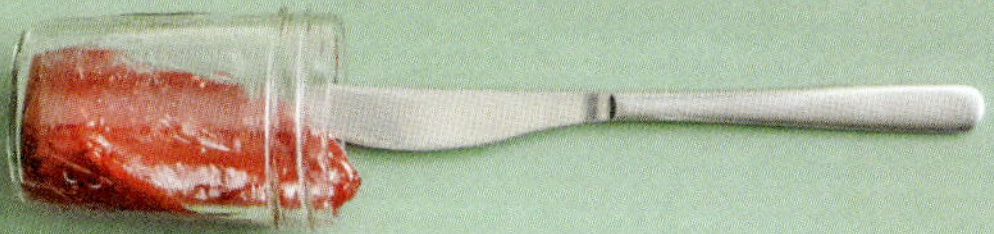

50 g Pistazienkerne fein mahlen und daraufstreuen.

Den Teig von der Längsseite her eng aufrollen, in Frischhaltefolie wickeln und ca. 30 Min. kühlen.

Den Backofen auf 180° vorheizen, ein Backblech mit Backpapier belegen. Die Teigrolle in 1 cm breite Scheiben schneiden, auf das Blech legen und im Ofen (Mitte) ca. 12 Min. backen. Herausnehmen und auf einem Kuchengitter auskühlen lassen. Zum Aufbewahren in eine Keksdose schichten. Reicht für ca. 40 Stück.

SCHNELLE KEKSE

Für ca. 40 Stück • 20 Min. Zubereitung • 17 Min. Backen • Pro Stück ca. 105 kcal, 2 g E, 6 g F, 12 g KH

QUARKSTOLLENKONFEKT MIT CRANBERRYS

EINFACH

FÜR DEN TEIG

300 g Mehl
½ Pck. Backpulver
1 TL Zimtpulver
Salz
120 g weiche Butter
100 g Zucker
150 g Quark (40 % Fett i. Tr.)
50 g Mandelstifte
125 g getrocknete Cranberrys
1 Schuss Milch

FÜR DEN ÜBERZUG

100 g Butter
75 g Puderzucker

TEIG: Das Mehl mit Backpulver, Zimt und 1 Prise Salz mischen. Butter und Zucker in einer Rührschüssel mit den Rührbesen des Handrührgeräts hellcremig rühren. Den Quark kurz unterrühren. Mehlmischung, Mandelstifte und Cranberrys zufügen und ebenfalls einrühren. Ist der Teig zu fest, die Milch einrühren, bis er sich gut formen lässt.

Den Backofen auf 180° vorheizen, ein Backblech mit Backpapier belegen. Aus dem Teig 40 unregelmäßig ovale Bällchen mit 4 cm Länge formen. Die Mini-Stollen auf das Backblech legen und im Ofen (Mitte) 15–17 Min. backen.

ÜBERZUG: Die Butter in einem kleinen Topf schmelzen. Den Puderzucker in eine kleine Schüssel geben. Die Mini-Stollen aus dem Ofen nehmen, sofort mit der geschmolzenen Butter bepinseln und im Puderzucker wälzen. Dann auskühlen lassen. Wenn der Puderzucker beim Auskühlen einzieht, das Konfekt danach nochmals im Puderzucker wälzen.

GU **CLOU**

Die kleinen Stollen sind im Nu gebacken und können sofort vernascht werden. Durch den Speisequark gelingen sie wunderbar saftig – und sie sind vor allem ruck, zuck zubereitet. Ein unschätzbarer Vorteil in der Express-Weihnachtsbackstube gegenüber der klassischen Variante mit Hefeteig und langen Ruhezeiten.

Für ca. 60 Stück • 10 Min. Zubereitung • 30 Min. Kühlen • 26 Min. Backen •
Pro Stück ca. 40 kcal, 1 g E, 3 g F, 4 g KH

ZITRONENTHYMIAN-VANILLE-TALER

GÜNSTIG

3 EL getrockneter Zitronenthymian (ersatzweise Thymian)
200 g Mehl
1 TL Backpulver
Salz
175 g kalte Butter
100 g Puderzucker
1 EL gemahlene Vanille
1 Ei (M)
1 EL Zitronensaft

1 Den Zitronenthymian in einem Mörser sehr fein zerreiben. Mehl, Backpulver, 1 Prise Salz und Zitronenthymian in einer Rührschüssel mischen. Die Butter in kleine Würfel schneiden. Butterwürfel, Puderzucker, Vanille, Ei und Zitronensaft zur Mehlmischung geben. Alles zuerst mit den Knethaken des Handrührgeräts vermischen, dann mit den Händen rasch zu einem glatten Teig verkneten.

2 Den Teig zu zwei Rollen (2,5 cm ∅) formen, in Frischhaltefolie wickeln und mind. 30 Min. kühlen.

3 Den Backofen auf 180° vorheizen, zwei Backbleche mit Backpapier belegen. Die Teigrollen auf einem Schneidebrett in 1 cm dicke Scheiben schneiden. Die Taler auf die Backbleche setzen und nacheinander im Ofen (Mitte) in je 12–13 Min. goldgelb backen. Herausnehmen und auf einem Kuchengitter auskühlen lassen.

Für ca. 30 Stück • 15 Min. Zubereitung • 30 Min. Kühlen • 10 Min. Backen • Pro Stück ca. 75 kcal, 1 g E, 5 g F, 6 g KH

VANILLE-SCHNEEFLOCKEN

AROMATISCH

1 Vanilleschote
150 g Mehl
70 g gemahlene Mandeln
80 g Puderzucker
Salz
125 g kalte Butter

1 Die Vanilleschote längs aufschlitzen und das Mark herausschaben. Mehl, Mandeln, 50 g Puderzucker, 1 Prise Salz und Vanillemark auf die Arbeitsfläche häufen. Mit den Fingern eine Mulde in die Mitte drücken. Die Butter in kleine Würfel schneiden und darin verteilen. Dann alles mit den Händen rasch zu einem glatten Teig verkneten. Den Teig zu einer Rolle (2,5 cm ∅) formen und mind. 30 Min. kühlen.

2 Den Backofen auf 180° vorheizen, ein Backblech mit Backpapier belegen. Die Teigrolle in 1,5 cm breite Scheiben schneiden. Diese zu kleinen Kugeln rollen und mit einer Gabel flach drücken, sodass ein Abdruck der Zinken entsteht. Die Schneeflocken auf das Backblech setzen und im Ofen (Mitte) 8–10 Min. backen.

3 Die Plätzchen aus dem Ofen nehmen und auf einem Kuchengitter auskühlen lassen. Mit dem übrigen Puderzucker (30 g) bestäuben.

Für ca. 40 Stück • 20 Min. Zubereitung • 30 Min. Kühlen • 12 Min. Backen •
Pro Stück ca. 95 kcal, 1 g E, 5 g F, 10 g KH

ZUCKERSTANGEN

FÜR KINDER

375 g Mehl
125 g Puderzucker
Salz
250 g kalte Butter
1 Eigelb (M)
½ Bio-Zitrone
1 TL gemahlene Vanille
rote Speisefarbe

TAUSCH-TIPP
Für Schoko-Zuckerstangen den fertigen Teig halbieren und eine Hälfte mit 15 g Kakaopulver verkneten. Dann wie beschrieben kühlen, zu Stangen formen und verschlingen.

1 Das Mehl mit Puderzucker und 1 Prise Salz in einer Rührschüssel mischen. Die Butter in kleine Würfel schneiden und mit dem Eigelb zufügen. Die Zitrone heiß abwaschen, abtrocknen und die Schale abreiben. Zitronenschale und Vanille ebenfalls in die Schüssel geben. Alles zuerst mit den Knethaken des Handrührgeräts vermischen, dann mit den Händen rasch zu einem glatten Teig verkneten.

2 Den Teig halbieren. Eine Hälfte tropfenweise mit Speisefarbe einfärben, bis der gewünschte Rot-Ton erreicht ist. Dann beide Teige zu 2 cm dicken Platten ausrollen, in Frischhaltefolie wickeln und ca. 30 Min. kühlen.

3 Den Backofen auf 180° vorheizen, ein Backblech mit Backpapier belegen. Beide Teige nochmals durchkneten und Portionen von je 10 g abwiegen. Jeweils eine rote und eine helle Teigportion zu einem Strang (20 cm lang) rollen. Beide Stränge miteinander verschlingen und das obere Ende wie bei einer Zuckerstange nach unten biegen.

4 Die Zuckerstangen auf das Backblech legen und im Ofen ca. 12 Min. backen. Danach herausnehmen und auf einem Kuchengitter auskühlen lassen.

Für ca. 35 Stück • 10 Min. Zubereitung • 30 Min. Backen • Pro Stück ca. 60 kcal, 1 g E, 4 g F, 6 g KH

HASELNUSSMAKRONEN

EXTRANUSSIG

3 Eiweiß (M)
180 g Zucker
Salz
200 g gemahlene Haselnüsse
½ TL gemahlene Vanille
½ TL Zimtpulver

AUSSERDEM
Spritzbeutel mit großer Sterntülle

1 Den Backofen auf 180° vorheizen, zwei Backbleche mit Backpapier belegen. Die Eiweiße mit 80 g Zucker und 1 Prise Salz in einer Rührschüssel mit den Rührbesen des Handrührgeräts steif schlagen.

2 Haselnüsse, übrigen Zucker (100 g), Vanille und Zimt vorsichtig unterheben. Dabei alles nur kurz vermischen, da sonst zu viel Öl austritt und die Makronen beim Backen auseinanderlaufen.

3 Die Eiweißmasse in den Spritzbeutel füllen und mit etwas Abstand Tupfen (3 cm ∅) auf die Backbleche spritzen. Die Makronen nacheinander im Ofen (Mitte) je 12–15 Min. backen. Herausnehmen und auf einem Kuchengitter auskühlen lassen.

Für ca. 45 Stück • 15 Min. Zubereitung • 24 Min. Backen • Pro Stück ca. 60 kcal, 1 g E, 2 g F, 8 g KH

ZITRONENWÖLKCHEN

FRUCHTIG

1 ½ Zitronen
2 Eiweiß (M)
275 g Puderzucker
200 g gemahlene Mandeln
75 g Mehl
Salz
½ TL Zimtpulver
40 g Zitronatwürfel

AUSSERDEM
Spritzbeutel mit großer Rundtülle

1 Den Backofen auf 180° vorheizen, zwei Backbleche mit Backpapier belegen. Die Zitronen auspressen und 2 EL Saft für den Guss beiseitestellen. Die Eiweiße in einer Rührschüssel mit den Rührbesen des Handrührgeräts steif schlagen. Dabei 200 g Puderzucker nach und nach einrieseln lassen. Den Zitronensaft langsam dazugießen. Mandeln, Mehl, 1 Prise Salz und Zimt mischen und vorsichtig unter den Eischnee heben. Zuletzt das Zitronat unterheben.

2 Die Masse in den Spritzbeutel füllen und mit etws Abstand Tupfen (2 cm ∅) auf die Bleche spritzen. Die Wölkchen im Ofen (Mitte) je 10–12 Min. backen. Herausnehmen und abkühlen lassen.

3 Übrigen Puderzucker (75 g) und übrige 2 EL Zitronensaft zu einem glatten Guss verrühren. Mit einem Teelöffel jeweils einen Klecks auf die Plätzchen geben und verstreichen. Trocknen lassen.

Für ca. 40 Stück • 15 Min. Zubereitung • 24 Min. Backen • Pro Stück ca. 65 kcal, 1 g E, 3 g F, 6 g KH

MANDELHÖRNCHEN

GLUTENFREI

250 g Marzipanrohmasse
150 g Puderzucker
Salz
1 Eiweiß (M)
1 Ei (S)
100 g gehackte Mandeln

AUSSERDEM
Puderzucker zum Arbeiten

DEKO-TIPP
Wenn Sie etwas mehr Zeit haben, verzieren Sie die Hörnchen doch noch mit Schokolade. Dafür 100 g Zartbitter-Kuvertüre grob hacken und in einer Schüssel über dem heißen Wasserbad schmelzen. Die Enden der Hörnchen hineintauchen und trocknen lassen.

1 Den Backofen auf 180° vorheizen, zwei Backbleche mit Backpapier belegen. Marzipanrohmasse, Puderzucker und 1 Prise Salz verkneten. Zuletzt das Eiweiß unterkneten.

2 Den Teig auf der mit Puderzucker bestäubten Arbeitsfläche zu zwei Rollen (40 cm lang) formen und in 2 cm breite Stücke schneiden. Diese zuerst zu Kugeln, dann zu Hörnchen formen.

3 Das Ei in einer kleinen Schale verquirlen. Die Mandeln auf einen Teller streuen. Die Hörnchen mit dem Ei bestreichen und in den Mandeln wälzen. Mit ausreichend Abstand auf die Bleche setzen, da die Hörnchen beim Backen noch aufgehen.

4 Im Ofen (Mitte) nacheinander in je 11–12 Min. leicht braun backen. Die Mandelhörnchen aus dem Ofen nehmen und auf einem Kuchengitter auskühlen lassen.

Für ca. 35 Stück • 15 Min. Zubereitung • 12 Min. Backen • Pro Stück ca. 75 kcal, 2 g E, 4 g F, 7 g KH

MARZIPANPLÄTZCHEN

AROMATISCH

80 g Mehl
120 g gemahlene Mandeln
100 g Puderzucker
Salz
½ TL Zimtpulver
1 Ei (M)
200 g Marzipanrohmasse
1 Eigelb (M)
2 EL gehackte Mandeln

1 Den Backofen auf 180° vorheizen, ein Backblech mit Backpapier belegen. Mehl, Mandeln, Puderzucker, 1 Prise Salz und Zimt in eine Rührschüssel geben. Das Ei zufügen. Die Marzipanrohmasse in kleine Stücke zupfen und ebenfalls in die Schüssel geben. Alles mit den Knethaken des Handrührgeräts zu einem glatten Teig verkneten.

2 Den Teig zu zwei Rollen (ca. 34 cm lang) formen. Die Rollen dann in 2 cm breite Stücke schneiden. Die Stücke zu Kugeln rollen und mit etwas Abstand auf das Backblech setzen.

3 Das Eigelb mit einer Gabel verquirlen. Die Marzipanplätzchen damit bestreichen und mit den gehackten Mandeln bestreuen. Im Ofen (Mitte) 10–12 Min. backen. Herausnehmen und auf einem Kuchengitter auskühlen lassen.

Für ca. 40 Stück • 20 Min. Zubereitung • 30 Min. Kühlen • 10 Min. Backen •
Pro Stück ca. 40 kcal, 1 g E, 2 g F, 4 g KH

VANILLEHÄPPCHEN

EINFACH

80 g Mehl
50 g gemahlene Mandeln
Salz
100 g Puderzucker
½ Pck. Vanillezucker
¼ TL Zimtpulver
80 g kalte Butter
1 Vanilleschote

1 Mehl, Mandeln und 1 Prise Salz in einer Rührschüssel mischen. 25 g Puderzucker, Vanillezucker und Zimt zugeben. Die Butter in kleine Würfel schneiden und ebenfalls zufügen. Alles zuerst mit den Knethaken des Handrührgeräts vermischen, dann mit den Händen rasch zu einem glatten Teig verkneten. Den Teig zu drei Rollen (1,5 cm ∅) formen, in Frischhaltefolie wickeln und ca. 30 Min. kühlen.

2 Den Backofen auf 180° vorheizen, ein Backblech mit Backpapier belegen. Die Teigrollen in 1,5 cm breite Stücke schneiden und auf das Backblech setzen. Im Ofen (Mitte) ca. 10 Min. backen. Herausnehmen und auf einem Kuchengitter auskühlen lassen.

3 Die Vanilleschote längs aufschlitzen und das Vanillemark herausschaben. Vanillemark und übrigen Puderzucker (75 g) auf einem Teller mischen und die Vanillehäppchen darin wälzen.

Für ca. 40 Stück • 20 Min. Zubereitung • 30 Min. Kühlen • 10 Min. Backen • Pro Stück ca. 60 kcal, 1 g E, 3 g F, 7 g KH

NUGAT-HUSAREN

ZUM VERSCHENKEN

180 g Mehl
50 g Puderzucker
25 g Kakaopulver
½ TL Zimtpulver
Salz
130 g kalte Butter
100 g Nugat

GUT ZU WISSEN
Ein Spritztütchen haben Sie aus Backpapier rasch selbst geformt. Dafür ein DIN-A6-großes Stück diagonal durchschneiden und zu einem Tütchen aufdrehen. Den flüssigen Nugat einfüllen und die Spitze abschneiden.

1 Mehl, Puderzucker, Kakao, Zimt und 1 Prise Salz in eine Rührschüssel geben. Die Butter in kleine Stücke schneiden und zufügen. Alles zuerst mit den Knethaken des Handrührgeräts vermischen, dann mit den Händen rasch zu einem glatten Teig verkneten. Den Teig zu einer Rolle (2 cm ∅) formen, in Frischhaltefolie wickeln und ca. 30 Min. kühlen.

2 Den Backofen auf 180° vorheizen, ein Backblech mit Backpapier belegen. Die Teigrolle in 1 cm breite Scheiben schneiden und diese zu Kugeln rollen. Dann mit dem Stiel eines Holzkochlöffels bis zur Hälfte eine Mulde in die Kugeln drücken. Die Plätzchen auf das Backblech legen und im Ofen (Mitte) ca. 10 Min. backen. Aus dem Ofen nehmen. Wenn die Mulden nicht tief genug sind, sofort mit dem Holzlöffelstiel nochmals leicht nachdrücken. Die Plätzchen dann auf einem Kuchengitter abkühlen lassen.

3 Inzwischen den Nugat in einer Schüssel über dem heißen Wasserbad schmelzen. (Alternativ in der Mikrowelle in Etappen von ca. 20 Sek. schmelzen. Vorsicht: Der Nugat verbrennt sehr schnell.) Den geschmolzenen Nugat in ein Spritztütchen füllen und in die Mulden der Plätzchen spritzen. (Alternativ Nugat mit einem Teelöffel in den Mulden verteilen.) Fest werden lassen.

Für ca. 40 Stück • 20 Min. Zubereitung • 30 Min. Kühlen • 12 Min. Backen •
Pro Stück ca. 40 kcal, 0 g E, 2 g F, 5 g KH

ZIMTPÄCKCHEN

EINFACH

125 g Mehl
½ Pck. Backpulver
40 g Puderzucker
Salz
80 g kalte Butter
1 Eigelb (M)
70 g Zucker
1 TL Zimtpulver

1 Mehl, Backpulver, Puderzucker und 1 Prise Salz in eine Rührschüssel geben. Die Butter in kleine Würfel schneiden und mit dem Eigelb zufügen. Alles zuerst mit den Knethaken des Handrührgeräts vermischen, dann mit den Händen rasch zu einem glatten Teig verkneten. Den Teig zu drei Rollen (1,5 cm ∅) formen. Diese in Frischhaltefolie wickeln und ca. 30 Min. kühlen.

2 Den Backofen auf 180° vorheizen, ein Backblech mit Backpapier belegen. Die Teigrollen in 1,5 cm breite Stücke schneiden und auf das Backblech setzen. Im Ofen (Mitte) 10–12 Min. backen. Aus dem Ofen nehmen und auf einem Kuchengitter auskühlen lassen.

3 Zucker und Zimt in einer Schale mischen. Die ausgekühlten Zimtpäckchen darin wälzen, bis sie rundum überzogen sind.

*Für ca. 35 Stück • 25 Min. Zubereitung • 20 Min. Kühlen • 18 Min. Backen •
Pro Stück ca. 110 kcal, 1 g E, 4 g F, 16 g KH*

LEBKUCHEN-CRINKLE-COOKIES

AUS DEN USA

300 g Mehl
2 TL Backpulver
Salz
3 TL Lebkuchengewürz
1 EL Kakaopulver
170 g weiche Butter
225 g brauner Zucker
1 Ei (M)
50 g Agavendicksaft (ersatzweise Ahornsirup)
80 g Puderzucker

1 Mehl, Backpulver, 1 Prise Salz, Lebkuchengewürz und Kakao mischen. Butter und Zucker in einer Rührschüssel mit den Rührbesen des Handrührgeräts cremig rühren. Ei und Agavendicksaft einrühren. Die Mehlmischung unterrühren und den Teig ca. 20 Min. kühlen.

2 Den Backofen auf 180° vorheizen, ein Backblech mit Backpapier belegen. Den Puderzucker auf einen Teller streuen. Aus dem Teig 35 Kugeln (2,5 cm ∅) formen und im Puderzucker wälzen. Zuletzt alle Kugeln nochmals im Puderzucker wälzen, bis sie rundum dick mit Puderzucker überzogen sind.

3 Die Cookies mit ausreichend Abstand auf das Backblech setzen und im Ofen (Mitte) 15–18 Min. backen. Herausnehmen und auf einem Kuchengitter abkühlen lassen.

Für ca. 35 Stück • 15 Min. Zubereitung • 30 Min. Kühlen • 12 Min. Backen • Pro Stück ca. 70 kcal, 1 g E, 3 g F, 11 g KH

ORANGEN-SCHOKO-COOKIES

FRUCHTIG

FÜR DEN TEIG
1 Bio-Orange
80 g weiche Butter
150 g Zucker
½ TL gemahlene Vanille
1 Ei (M)
150 g Mehl
60 g Kakaopulver
1 TL Backpulver
Salz
1 Schuss Milch

FÜR DEN GUSS
120 g Puderzucker

DEKO-TIPP
Für Rentiergesichter nur die Hälfte vom Guss zubereiten. Damit jeweils 2 Zuckeraugen und darunter 1 rote Schokolinse als Nase auf die Cookies kleben. Pro Cookie 1 Mini-Salzbrezel halbieren und die Hälften als Geweihe über den Augen festkleben.

TEIG: Die Orange heiß abwaschen, abtrocknen und 2 EL Schale abreiben. Dann 1 EL Saft auspressen und für den Guss beiseitestellen. Butter, Zucker, Vanille und 1 EL Orangenschale in einer Rührschüssel mit dem Handrührgerät hellcremig rühren. Das Ei einrühren. Mehl, Kakao, Backpulver und 1 Prise Salz mischen. Die Mehlmischung nach und nach vorsichtig unter die Butter-Ei-Mischung rühren. Ist der Teig zu fest, die Milch unterkneten. Den Teig zu einer Rolle (2 cm ∅) formen, in Frischhaltefolie wickeln und ca. 30 Min. kühlen.

Den Backofen auf 180° vorheizen, ein Backblech mit Backpapier belegen. Die Teigrolle in 1 cm breite Scheiben schneiden und diese zu kleinen Kugeln rollen. Die Kugeln auf das Backblech setzen und im Ofen (Mitte) 10–12 Min. backen. Herausnehmen und auskühlen lassen.

GUSS: Puderzucker und Orangensaft in einer Schüssel zu einem glatten Guss verrühren. Den Guss mit einem Teelöffel auf den Cookies verteilen. Die Kekse mit der übrigen Orangenschale (1 EL) bestreuen und trocknen lassen.

Für ca. 40 Stück • 15 Min. Zubereitung • 15 Min. Kühlen • 10 Min. Backen • Pro Stück ca. 55 kcal, 0 g E, 2 g F, 8 g KH

ZIMTSCHNECKEN-KEKSE

FÜR KINDER

1 Rolle frischer süßer Mürbeteig mit Butter (350 g, aus dem Kühlregal)
15 g Butter
75 g Zucker
1 EL Zimtpulver
75 g Puderzucker
1 EL Zitronensaft

1 Den Mürbeteig entrollen. Die Butter in einem kleinen Topf schmelzen. Zucker und Zimt in einer Schüssel mischen. Den Teig mit der flüssigen Butter bestreichen und mit der Zucker-Zimt-Mischung bestreuen. Von der Längsseite her eng aufrollen, in Frischhaltefolie wickeln und im Tiefkühlfach in ca. 15 Min. fest werden lassen.

2 Den Backofen auf 180° vorheizen, ein Backblech mit Backpapier belegen. Die Teigrolle in 1 cm breite Scheiben schneiden und auf das Backblech legen. Im Ofen (Mitte) ca. 10 Min. backen. Herausnehmen und auf einem Kuchengitter auskühlen lassen.

3 Puderzucker und Zitronensaft in einer kleinen Schüssel mit einem kleinen Schneebesen zu einem glatten Guss rühren. Den Guss mit einem Pinsel auf die Zimtschnecken streichen. Dabei darauf achten, dass der Zimt-Wirbel noch schwach durchscheint.

Für ca. 40 Stück • 15 Min. Zubereitung • 30 Min. Kühlen • 28 Min. Backen •
Pro Stück ca. 100 kcal, 2 g E, 4 g F, 13 g KH

SCHOKO-HASELNUSS-CANTUCCINI

AUS ITALIEN

3 Eier (M)
225 g Zucker
400 g Mehl
50 g Kakaopulver
2 TL Backpulver
200 g Haselnusskerne

1 Eier und Zucker in einer Rührschüssel mit dem Handrührgerät hellschaumig aufschlagen. Mehl, Kakao und Backpulver mischen und unter die Eiermasse heben. Die Nüsse unterkneten. Den Teig halbieren, zu Rollen (3 cm ∅) formen und etwas flach drücken. Die Rollen in Frischhaltefolie wickeln und ca. 30 Min. kühlen.

2 Den Backofen auf 180° vorheizen, ein Backblech mit Backpapier belegen. Die Teigrollen auf das Backblech legen und im Ofen (Mitte) ca. 18 Min. backen. Das Blech aus dem Ofen nehmen, die Rollen vorsichtig auf ein Schneidebrett ziehen und in 1 cm breite Stücke schneiden. Dabei die Oberfläche mit einem Sägemesser leicht ansägen, dann mit festem Druck nach unten drücken.

3 Die Cantuccini mit der Schnittseite wieder auf das Backblech legen und im Ofen (Mitte) nochmals 8–10 Min. rösten.

SCHNITTIGES VOM BLECH

Für ca. 50 Stück • 15 Min. Zubereitung • 12 Min. Backen • 2 Std. Kühlen •
Pro Stück ca. 120 kcal, 3 g E, 10 g F, 4 g KH

ERDNUSSBUTTER-RIEGEL

VEGAN

FÜR DEN TEIG
300 g gemahlene Mandeln
3 EL Kokosöl
2 EL Ahornsirup
Salz
1 TL gemahlene Vanille

FÜR DEN BELAG
300 g Erdnussmus (Erdnussbutter)
150 g Ahornsirup
100 g Kokosöl
Salz
1 TL gemahlene Vanille

FÜR DEN GUSS
170 g Zartbitter-Kuvertüre
1 EL Kokosöl

AUSSERDEM
Backrahmen

TEIG: Den Backofen auf 180° vorheizen. Die Mandeln mit Kokosöl, Ahornsirup, 1 Prise Salz und Vanille zu einem glatten Teig verkneten. Den Teig auf einem Bogen Papier zu einem Rechteck (26 × 20 cm) ausrollen. Mit dem Backpapier auf ein Backblech ziehen und das Teigrechteck mit dem Backrahmen umschließen. Den Teig im Ofen (Mitte) ca. 12 Min. backen. Herausnehmen und ca. 5 Min. abkühlen lassen.

BELAG: Erdnussmus, Ahornsirup, Kokosöl, 1 Prise Salz und Vanille in einen Topf geben und schmelzen. Die Masse auf den Boden streichen und ca. 1 Std. kalt stellen.

GUSS: Die Kuvertüre grob hacken. Mit dem Kokosöl in eine Schüssel geben und über einem heißen Wasserbad schmelzen. Den Guss auf die Erdnussmasse gießen und glatt streichen. An einem kühlen Ort in ca. 1 Std. fest werden lassen. Danach den Backrahmen mit einem Messer vorsichtig entfernen und den Kuchen in Riegel (2 × 5 cm) schneiden.

GU CLOU

Die Zutaten machen dieses Rezept besonders. Es zeigt eindrucksvoll, wie man auch ohne »tierische« Zutaten köstliche Weihnachtsplätzchen backen kann. Ohne die kommen die meisten klassischen Plätzchenrezepte nämlich nicht aus. Mit diesen Riegeln machen Sie allen, die sich vegan ernähren, eine besondere Freude zum Fest.

Für ca. 60 Stück • 20 Min. Zubereitung • 12 Min. Backen • Pro Stück ca. 60 kcal, 1 g E, 3 g F, 6 g KH

ZEDERNBROT

GLUTENFREI

400 g Marzipanrohmasse
180 g Puderzucker
120 g gemahlene Mandeln
1 Bio-Zitrone
1 Eiweiß (M)

AUSSERDEM
Puderzucker zum Arbeiten

1 Den Backofen auf 160° vorheizen. Marzipanrohmasse, 50 g Puderzucker und Mandeln in eine Rührschüssel geben. Die Zitrone heiß abwaschen und abtrocknen. Die Schale abreiben und den Saft auspressen. Zitronenschale und -saft zum Marzipan geben und alles mit den Händen zu einem glatten Teig verkneten. Den Teig auf einem Bogen Backpapier zu einem Rechteck (36 × 30 cm) ausrollen. Das Rechteck mit dem Papier auf ein Backblech ziehen.

2 Das Eiweiß mit dem Handrührgerät steif schlagen. Dabei den restlichen Puderzucker (130 g) einrieseln lassen. Den Eischnee auf den Teig geben und mit einer kleinen Winkelpalette oder einem Messer glatt streichen. Im Ofen (Mitte) 10–12 Min. backen.

3 Das Zedernbrot aus dem Ofen nehmen und noch warm mit einem kleinen Sägemesser in Sägebewegungen in Quadrate (3 × 3 cm) schneiden. Auf einem Kuchengitter auskühlen lassen.

Für ca. 24 Stück • 10 Min. Zubereitung • 10 Min. Backen • Pro Stück ca. 65 kcal, 1 g E, 4 g F, 7 g KH

ZITRONEN-SHORTBREAD

FRUCHTIG

25 g Pistazienkerne
1 Bio-Zitrone
100 g kalte Butter
150 g Mehl
50 g Puderzucker

1 Den Backofen auf 180° vorheizen. Die Pistazien mit einem Messer klein hacken. Die Zitrone heiß abwaschen und abtrocknen. Die Schale abreiben und 1 EL Saft auspressen.

2 Die Butter in kleine Stücke schneiden. Mit Mehl, Puderzucker, Pistazien, Zitronenschale und -saft in eine Rührschüssel geben. Alles zuerst mit den Knethaken des Handrührgeräts vermischen, dann mit den Händen rasch zu einem glatten Teig verkneten. Den Teig auf einem Bogen Backpapier zu einem Rechteck (24 × 18 cm) ausrollen.

3 Das Rechteck mit dem Papier auf ein Backblech ziehen und in Stücke (3 × 6 cm) einteilen, jedoch nicht voneinander trennen. Die Stücke gleichmäßig mit einer Gabel einstechen und im Ofen (Mitte) ca. 10 Min. backen. Aus dem Ofen nehmen und die Stücke noch warm mit einem Messer voneinander trennen.

ENGADINER NUSSRIEGEL

FÜR GÄSTE

Für ca. 50 Stück • 30 Min. Zubereitung • 30 Min. Backen • Pro Stück ca. 140 kcal, 2 g E, 8 g F, 14 g KH

2 Rollen frischer süßer Mürbeteig mit Butter (350 g, aus dem Kühlregal)
350 g Zucker
200 g Sahne
300 g Walnusskerne
1 Ei (M)

AUSSERDEM
Backrahmen

1 Den Backofen auf 180° vorheizen, ein Backblech mit Backpapier belegen. Mürbeteig entrollen und in zwei Quadrate (25 × 25 cm) schneiden. Den restlichen Mürbeteig in 5 cm breite Streifen schneiden. Ein Quadrat auf das Backblech legen und mit dem Backrahmen umschließen. Den Rand mit den Mürbeteigstreifen auslegen (Bild 1).

2 In einem Topf 250 g Zucker schmelzen. Dafür den Topfboden mit einer dünnen Schicht Zucker bestreuen und bei mittlerer Hitze schmelzen lassen (Bild 2). Dann wieder eine dünne Schicht Zucker daraufstreuen und schmelzen lassen. So fortfahren, bis der gesamte Zucker geschmolzen ist. Jetzt die Sahne zuerst in kleinen Portionen zugießen (Bild 3). Vorsicht, die Masse kocht hoch! Sobald sie nicht mehr stark hochkocht, die restliche Sahne zugießen und weiterköcheln lassen.

3 Die Nüsse in einem Blitzhacker oder mit einem Messer klein hacken. Mit dem Karamell und dem übrigen Zucker (100 g) in einer Schüssel mischen. Die Masse auf den Mürbeteig geben und glatt streichen. Überstehende Ränder abschneiden. Das zweite Teigquadrat darauflegen und an den Kanten andrücken (Bild 4). Dabei darauf achten, dass die Ränder fest verschlossen sind, da die Masse während des Backens hochkochen kann.

4 Das Ei verquirlen und den Teig damit bestreichen. Den Kuchen im Ofen (Mitte) ca. 30 Min. backen. Herausnehmen und auskühlen lassen, dann den Backrahmen entfernen. Die Ränder rundum 5 mm breit abschneiden (Bild 5) und den Kuchen in Riegel (5 × 2,5 cm) schneiden (Bild 6).

Für ca. 35 Stück • 20 Min. Zubereitung • 12 Min. Backen • Pro Stück ca. 135 kcal, 2 g E, 10 g F, 9 g KH

FLORENTINER

KLASSIKER

175 g Zucker
125 g Butter
80 g Honig
150 g Sahne
40 g getrocknete Cranberrys
150 g Mandelstifte
150 g Mandelblättchen
100 g Zartbitter-Kuvertüre

AUSSERDEM
Backrahmen

1 Den Backofen auf 180° vorheizen, ein Backblech mit Backpapier belegen. Zucker, Butter, Honig und Sahne in einem Topf aufkochen. Ca. 5 Min. köcheln lassen, bis die Masse eindickt. (Wer ein Thermometer zur Hand hat, lässt die Masse bis 118° kochen.) Cranberrys, Mandelstifte und Mandelblättchen unterheben.

2 Die Masse auf dem Blech zu einem groben Rechteck formen, mit dem Backrahmen (15 × 18 cm) umschließen und im Ofen (Mitte) in 10–12 Min. knusprig backen. Die Masse aus dem Ofen nehmen und lauwarm abkühlen lassen. Dann in Quadrate (3 × 3 cm) schneiden.

3 Die Kuvertüre grob hacken und in einer Schüssel über einem heißen Wasserbad auf 32° erwärmen. Die Florentiner diagonal in die Kuvertüre tauchen und überschüssige Kuvertüre am Schüsselrand abstreifen. Auf einem Kuchengitter trocknen lassen.

Für ca. 30 Stück • 20 Min. Zubereitung • 17 Min. Backen • Pro Stück ca. 120 kcal, 2 g E, 6 g F, 14 g KH

HIMBEERSCHNITTEN

FRUCHTIG

1 Rolle frischer süßer Mürbeteig mit Butter (350 g, aus dem Kühlregal)
3 EL Himbeer-Johannisbeer-Konfitüre
3 Eiweiß (M)
200 g Puderzucker
200 g gemahlene Mandeln

1 Den Backofen auf 180° vorheizen. Den Mürbeteig auf dem Backblech entrollen und mit einer Gabel mehrfach einstechen. Im Ofen (Mitte) ca. 5 Min. vorbacken, dann herausnehmen.

2 Die Konfitüre mit einem kleinen Schneebesen glatt rühren und auf dem Mürbeteig verstreichen. Die Eiweiße mit den Rührbesen des Handrührgeräts steif schlagen, dabei 150 g Puderzucker einrieseln lassen. Restlichen Puderzucker (50 g) und Mandeln mischen und vorsichtig unter den Eischnee heben.

3 Die Baisermasse auf der Konfitüre verstreichen. Die Teigplatte dann im Ofen (Mitte) nochmals 10–12 Min. backen, bis die Oberfläche leicht gebräunt ist. Aus dem Ofen nehmen und abkühlen lassen. Danach in Schnitten (7 × 4 cm) schneiden.

Für ca. 50 Stück • 15 Min. Zubereitung • 15 Min. Backen • Pro Stück ca. 175 kcal, 2 g E, 3 g F, 35 g KH

BASLER LECKERLI

AUS DER SCHWEIZ

FÜR DEN HONIGTEIG
500 g Honig
500 g Zucker
800 g Mehl
4 TL Backpulver
Salz
2 TL Zimtpulver
1 TL gemahlene Nelken
100 g gehackte Mandeln
100 g Zitronatwürfel
100 g Orangeatwürfel
100 g gehackte Haselnusskerne

FÜR DEN GUSS
150 g Zucker

HONIGTEIG: Den Backofen auf 180° vorheizen, ein Backblech mit Backpapier belegen. Honig, Zucker und 8 EL Wasser in einen Topf geben und bei schwacher Hitze schmelzen lassen. Mehl, Backpulver, 1 Prise Salz, Zimt und Nelken in einer Schüssel mischen. Mandeln, Zitronat, Orangeat und Haselnüsse in einer zweiten Schüssel mischen.

Die Mehlmischung unter die Honigmasse rühren. Dann die Früchtemischung unterheben. Den Teig gleichmäßig auf dem Backblech verteilen und im Ofen (Mitte) ca. 15 Min. backen.

GUSS: Inzwischen den Zucker mit 6 EL Wasser in einem kleinen Topf aufkochen, bis sich kleine Blasen bilden und der Guss sirupartig wird. Die Leckerli aus dem Ofen nehmen und noch heiß mit dem Guss bestreichen. Danach abkühlen lassen und in Stücke (5 × 4 cm) schneiden.

GUT ZU WISSEN
Die Kekse zum Aufbewahren in eine Dose schichten. Dabei ein in Butterbrotpapier gewickeltes Apfelstück mit in die Dose legen. Es hält den Honigkuchen schön saftig. Das Apfelstück wöchentlich austauschen.

Für ca. 50 Stück • 15 Min. Zubereitung • 12 Min. Backen • Pro Stück ca. 70 kcal, 2 g E, 4 g F, 6 g KH

ZIMTRAUTEN

GLUTENFREI

3 Eiweiß (M)
Salz
300 g Puderzucker
2 TL Zimtpulver
400 g gemahlene Mandeln

1 Den Backofen auf 180° vorheizen. Eiweiße und 1 Prise Salz in eine Rührschüssel geben und mit den Rührbesen des Handrührgeräts steif schlagen. Dabei den Puderzucker nach und nach einrieseln lassen. 3 EL Eischnee abnehmen und beiseitestellen. Zimt und Mandeln unter den übrigen Eischnee rühren.

2 Die Baisermasse auf einem Bogen Backpapier zu einem Rechteck (25 × 30 cm) ausrollen. Mit dem Papier auf das Backblech ziehen. Die übrigen 3 EL Eischnee daraufgeben und mit einer Winkelpalette glatt streichen. Im Ofen (Mitte) 10–12 Min. backen.

3 Aus dem Ofen nehmen und noch warm in kleine Rauten schneiden. Dafür die Teigplatte zuerst senkrecht, dann diagonal schneiden. Kühlt die Baisermasse zu sehr aus, bricht sie beim Schneiden.

Für ca. 24 Stück • 20 Min. Zubereitung • 25 Min. Backen • Pro Stück ca. 245 kcal, 2 g E, 18 g F, 18 g KH

MACADAMIA-NUSSECKEN

EXTRANUSSIG

1 Rolle frischer süßer Mürbeteig mit Butter (350 g, aus dem Kühlregal)
150 g Macadamianusskerne
150 g Butter
150 g Zucker
100 g gemahlene Haselnusskerne
50 g gehackte Haselnüsse
3 EL Himbeerkonfitüre
100 g weiße Kuvertüre

1 Den Backofen auf 180° vorheizen. Den Mürbeteig auf dem Backblech entrollen. Die Macadamianüsse grob hacken. Butter, Zucker und 3 EL Wasser in einem Topf aufkochen. Macadamias, gemahlene und gehackte Haselnüsse unterheben.

2 Den Mürbeteig mit der Konfitüre bestreichen. Dann die Nussmasse daraufstreichen. Dabei einen schmalen Rand frei lassen, da sie beim Backen noch etwas nach außen läuft. Im Ofen (Mitte) ca. 25 Min. backen. Herausnehmen und lauwarm abkühlen lassen. Die Teigplatte dann in Quadrate (8 × 8 cm) schneiden und diese nochmals diagonal halbieren. Ganz auskühlen lassen.

3 Die Kuvertüre grob hacken und in einer Schüssel über einem heißen Wasserbad schmelzen. Eine Ecke der Nussecken in die geschmolzene Kuvertüre tauchen und restliche Kuvertüre am Schüsselrand abstreifen. Auf einem Kuchengitter trocknen lassen.

Für ca. 35 Stück • 15 Min. Zubereitung • 30 Min. Kühlen • 15 Min. Backen • Pro Stück ca. 80 kcal, 1 g E, 5 g F, 9 g KH

MANDELSCHNITTEN

AROMATISCH

250 g Mehl
125 g Puderzucker
Salz
1 TL Zimtpulver
1 Ei (M)
150 g kalte Butter
1 Eigelb (M)
2 EL Milch
40 g Mandelblättchen

MEHR DARAUS MACHEN
Mit einem Plätzchenroller lassen sich aus dem Teig rasch Motivkekse ausstechen. Dafür mit dem Roller über das Rechteck fahren. Teigreste zusammenkneten und erneut ausrollen. Die ausgestochenen Plätzchen mit Eigelbmilch bestreichen, mit Mandelblättchen bestreuen und wie beschrieben 12–15 Min. backen.

1 Das Mehl mit Puderzucker, 1 Prise Salz und Zimt in einer Rührschüssel mischen. Das Ei zugeben. Die Butter in kleine Würfel schneiden und ebenfalls zufügen. Alles zuerst mit den Knethaken des Handrührgeräts vermischen, dann mit den Händen rasch zu einem glatten Teig verkneten. Den Teig zu einer Platte (2 cm dick) ausrollen, in Frischhaltefolie wickeln und ca. 30 Min. kühlen.

2 Den Backofen auf 180° vorheizen. Den Teig auf einem Bogen Backpapier zu einem Rechteck (35 × 30 cm) ausrollen. Mit dem Papier auf das Backblech ziehen. Eigelb und Milch verquirlen. Die Teigplatte damit bestreichen, mit den Mandelblättchen bestreuen und im Ofen (Mitte) ca. 15 Min. backen.

3 Aus dem Ofen nehmen und etwas abkühlen lassen, dann in Rauten schneiden. Dafür die Längsseite in 5 cm breite Streifen teilen, dann diagonal in Rauten schneiden.

WÜRZIGE WINTERKUCHEN

Für ca. 40 Stück • 25 Min. Zubereitung • 25 Min. Backen • Pro Stück ca. 395 kcal, 7 g E, 29 g F, 26 g KH

FÜNF-GEWÜRZE-BROWNIE

EXOTISCH

FÜR DEN TEIG
450 g Butter
300 g Zartbitter-Kuvertüre
200 g Mehl
150 g Mandeln
50 g Kakaopulver
20 g 5-Gewürze-Pulver
9 Eier (M)
600 g Rohrzucker
400 g Erdnusskerne

FÜR DIE GANACHE
400 g Sahne
400 g Zartbitter-Kuvertüre
40 g Butter

AUSSERDEM
Backrahmen

TEIG: Den Backofen auf 180° vorheizen, ein Backblech mit Backpapier belegen. Den Backrahmen daraufstellen und auf 30 × 40 cm einstellen. Butter und Kuvertüre in grobe Stücke schneiden und in einer Schüssel über einem heißen Wasserbad schmelzen. Mehl, Mandeln, Kakao und 5-Gewürze-Pulver in einer zweiten Schüssel mischen.

Eier und Zucker in eine Rührschüssel geben und mit den Rührbesen des Handrührgeräts dickschaumig aufschlagen. Die Butter-Kuvertüre-Masse nach und nach einrühren. Dann die Mehlmischung und die Erdnüsse vorsichtig mit einem Teigschaber unterheben. Die Masse gleichmäßig in den Backrahmen füllen und im Ofen (Mitte) ca. 25 Min. backen. Herausnehmen und etwas abkühlen lassen.

GANACHE: Inzwischen die Sahne in einem Topf aufkochen. Die Kuvertüre grob hacken und mit der Butter in eine Schüssel geben. Mit der heißen Sahne übergießen und mit einem Schneebesen zu einer glatten Creme verrühren.

FERTIGSTELLEN: Den Brownie mit der Ganache bestreichen und diese fest werden lassen. Danach den Brownie in Stücke (6 × 5 cm) schneiden. Dabei das Messer nach jedem Schnitt in heißes Wasser tauchen und gut abtropfen lassen.

GU **CLOU**

Das 5-Gewürze-Pulver kommt eigentlich aus dem asiatischen Raum und wird dort zumeist für Fisch und Fleisch verwendet. Die Gewürzmischung aus Sternanis, Szechuan-Pfeffer, Zimt, Fenchel und Nelke duftet aber sehr weihnachtlich und gibt diesem schokoladigen Brownie ein festliches Aroma.

Für ca. 40 Stück • 25 Min. Zubereitung • 30 Min. Backen • Pro Stück ca. 295 kcal, 4 g E, 17 g F, 32 g KH

BLONDIES MIT ZIMTÄPFELN

FRUCHTIG

FÜR DIE ZIMTÄPFEL
3 Äpfel
6 EL Apfelsaft
3 TL Zimtpulver

FÜR DEN TEIG
400 g weiße Kuvertüre
600 g weiche Butter
500 g Zucker
1 Pck. Vanillezucker
8 Eier (M)
600 g Mehl
1 Pck. Backpulver

AUSSERDEM
Puderzucker zum Bestäuben

GUT ZU WISSEN
Die Blondies zum Aufbewahren zwischen Butterbrotpapier in eine Plastikbox stapeln. So kleben die Stücke nicht zusammen und halten sich im Kühlschrank 3–4 Tage.

ZIMTÄPFEL: Die Äpfel schälen, vierteln und entkernen. Die Viertel in kleine Würfel schneiden. Apfelwürfel und Apfelsaft in einem Topf aufkochen. Dann zugedeckt köcheln lassen, bis die Äpfel weich sind. Die Äpfel in ein Sieb abgießen und bis zur Verwendung abtropfen lassen.

TEIG: Den Backofen auf 170° vorheizen, ein Backblech mit Backpapier belegen. Die Kuvertüre grob hacken und in einer Schüssel über einem heißen Wasserbad schmelzen. Butter, Zucker und Vanillezucker in eine Rührschüssel geben und mit den Rührbesen des Handrührgeräts hellcremig rühren. Die Eier einzeln einrühren. Mehl und Backpulver mischen und in die Eiermasse rühren. Danach die geschmolzene Kuvertüre unterrühren. Zuletzt den Zimt unter die abgetropften Äpfel mischen und die Zimtäpfel vorsichtig unterheben.

Den Teig gleichmäßig auf dem Backblech verteilen und im Ofen (Mitte) 25–30 Min. backen. Danach herausnehmen und vollständig auskühlen lassen.

FERTIGSTELLEN: Die Blondies in Stücke (6 × 5 cm) schneiden. Mit etwas Puderzucker bestäuben und servieren.

Für 12 Stück • 15 Min. Zubereitung • 17 Min. Backen • Pro Stück ca. 280 kcal, 5 g E, 9 g F, 45 g KH

AMERIKANER MIT GLÜHWEINGUSS

GÜNSTIG

100 g weiche Butter
100 g Zucker
2 Eier (M)
350 g Mehl
2 TL Backpulver
150 ml Milch
180 g Puderzucker
3 EL Glühwein

AUSSERDEM
Spritzbeutel mit großer Rundtülle

1 Den Backofen auf 180° vorheizen, ein Backblech mit Backpapier belegen. Butter und Zucker in eine Rührschüssel geben und mit den Rührbesen des Handrührgeräts hellcremig rühren. Die Eier einzeln einrühren. Mehl und Backpulver mischen. Die Mehlmischung abwechselnd mit der Milch unterrühren, bis eine glatte Masse entsteht.

2 Die Masse in den Spritzbeutel füllen und 12 Kreise (7 cm ∅) auf das Backblech spritzen. Im Ofen (Mitte) ca. 17 Min. backen. Herausnehmen und abkühlen lassen.

3 Puderzucker und Glühwein zu einem glatten Guss verrühren. Dabei den Glühwein esslöffelweise zugeben und die Konsistenz kontrollieren. Die Amerikaner umdrehen und den Guss mit einem Teelöffel auf der flachen Seite verstreichen.

Für ca. 40 Stück • 10 Min. Zubereitung • 17 Min. Backen • Pro Stück ca. 110 kcal, 3 g E, 4 g F, 17 g KH

HONIGKUCHEN

KLASSIKER

260 g Honig
130 g Zucker
130 ml Milch
200 g gemahlene Mandeln
450 g Mehl
3 TL Backpulver
4 Eier (M)

1 Den Backofen auf 180° vorheizen, ein Backblech mit Backpapier belegen. Honig, Zucker und Milch in einen Topf geben und aufkochen. Dann etwas abkühlen lassen.

2 Mandeln, Mehl und Backpulver in einer Rührschüssel mischen. Die Honigmasse zugießen, die Eier zugeben und alles mit den Rührbesen des Handrührgeräts cremig aufschlagen.

3 Die Masse gleichmäßig auf dem Backblech verteilen und glatt streichen. Im Ofen (Mitte) ca. 17 Min. backen. Aus dem Ofen nehmen und kurz abkühlen lassen. Den Honigkuchen dann in Stücke (6 × 5 cm) schneiden und vom Blech heben.

Für 12 Stück • 20 Min. Zubereitung • 20 Min. Backen • Pro Stück ca. 525 kcal, 6 g E, 33 g F, 50 g KH

SPEKULATIUS-CUPCAKES

FÜR GÄSTE

FÜR DAS TOPPING
150 g weiche Butter
180 g Puderzucker
240 g Doppelrahm-Frischkäse
2 TL Spekulatiusgewürz
7 Spekulatiuskekse

FÜR DEN TEIG
200 g weiche Butter
200 g Zucker
4 Eier (M)
200 g Mehl
2 TL Backpulver
25 g Kakaopulver
Salz
1 TL Zimtpulver

AUSSERDEM
12er-Muffinform
12 Muffin-Papierförmchen
Spritzbeutel mit großer Sterntülle

GUT ZU WISSEN
Keine Muffinform da? Stellen Sie zwei Papierförmchen ineinander. Das ist stabil genug, um die Muffins zu backen.

TOPPING: Butter und Puderzucker in eine Rührschüssel geben und mit den Rührbesen des Handrührgeräts hellcremig rühren. Frischkäse und Spekulatiusgewürz vorsichtig unterrühren. Zwei Spekulatiuskekse fein mahlen und unterheben. Die Creme bis zur Verwendung kühlen.

TEIG: Den Backofen auf 180° vorheizen, die Papierförmchen in die Mulden der Muffinform setzen. Butter und Zucker in einer Rührschüssel hellcremig rühren. Die Eier einzeln einrühren. Mehl, Backpulver, Kakao, 1 Prise Salz und Zimt mischen. Die Mehlmischung unterrühren. Die Masse in die Förmchen füllen und im Ofen (Mitte) ca. 20 Min. backen. Aus dem Ofen nehmen, leicht ausgekühlt aus der Form lösen und auf einem Kuchengitter vollständig auskühlen lassen.

FERTIGSTELLEN: Die Frischkäsecreme in den Spritzbeutel füllen und mit gleichmäßig kreisenden Bewegungen auf die Cupcakes spritzen. 2 Spekulatiuskekse zerbröseln und auf die Cupcakes streuen. Die übrigen 3 Spekulatiuskekse vierteln und je ein Viertel in die Creme stecken.

Für 12 Stück • 20 Min. Zubereitung • 25 Min. Backen • Pro Stück ca. 355 kcal, 5 g E, 20 g F, 38 g KH

GLÜHWEIN-MUFFINS

MIT SCHUSS

170 g weiche Butter
170 g Zucker
1 Pck. Vanillezucker
3 Eier (M)
170 g Mehl
3 TL Backpulver
20 g Kakaopulver
120 ml Glühwein
200 g weiße Kuvertüre
3 EL gehackte Pistazien

AUSSERDEM
12er-Muffinform
12 Muffinförmen aus Papier

1 Den Backofen auf 180° vorheizen, die Papierförmchen in die Mulden der Muffinform setzen. Butter, Zucker und Vanillezucker in einer Rührschüssel mit dem Handrührgerät hellcremig rühren. Die Eier einzeln einrühren. Mehl, Backpulver und Kakao mischen. Die Mehlmischung abwechselnd mit dem Glühwein unterrühren.

2 Die Masse in die Förmchen füllen und im Ofen (Mitte) ca. 20 Min. backen. Aus dem Ofen nehmen, leicht ausgekühlt aus der Form lösen und auf einem Kuchengitter vollständig auskühlen lassen.

3 Die Kuvertüre hacken und in einer Schüssel über dem heißen Wasserbad langsam schmelzen, dabei auf max. 32° erhitzen. Zur Probe einen Tropfen Kuvertüre auf die Unterlippe geben. Fühlt sie sich genauso heiß an wie die Lippe, hat die Kuvertüre die richtige Temperatur. Die geschmolzene Kuvertüre auf den Muffins verstreichen, mit den Pistazien bestreuen und trocknen lassen.

Für 2 Stollen (à 10 Scheiben) • 20 Min. Zubereitung • 30 Min. Backen •
Pro Scheibe ca. 240 kcal, 5 g E, 14 g F, 24 g KH

QUARKSTOLLEN

EINFACH

330 g Mehl
1 ½ EL Backpulver
225 g weiche Butter
60 g Zucker
1 Pck. Vanillezucker
170 g Quark (20 % Fett i. Tr.)
1 Ei (M)
120 g Rum-Rosinen (Fertigprodukt)
120 g gehackte Mandeln (ersatzweise Mandelstifte)
100 g Puderzucker

1 Den Backofen auf 180° vorheizen, ein Backblech mit Backpapier belegen. Mehl und Backpulver mischen. 150 g Butter, Zucker und Vanillezucker in eine Rührschüssel geben und mit den Rührbesen des Handrührgeräts hellcremig rühren. Quark und Ei einrühren. Die Mehlmischung zufügen und alles zu einem glatten Teig verkneten. Zuletzt Rosinen und Mandeln unterkneten.

2 Den Teig in zwei Portionen teilen. Jede Portion zu einem länglichen Laib formen. Dann mit einem Nudelholz längs eine Mulde in die Mitte drücken und die Hälften so übereinanderklappen, dass die untere Teighälfte etwas übersteht. Die Stollen auf das Backblech legen und im Ofen (Mitte) ca. 30 Min. backen.

3 Die übrige Butter (75 g) in einem Topf schmelzen. Die Stollen aus dem Ofen nehmen, noch heiß mit der geschmolzenen Butter bestreichen und im Puderzucker wälzen.

Für ca. 12 Stücke • 10 Min. Zubereitung • 25 Min. Backen • Pro Stück ca. 370 kcal, 5 g E, 16 g F, 49 g KH

FRÜCHTEKUCHEN MIT INGWER

AUS ENGLAND

250 g Mehl
2 TL Backpulver
1 Stück Ingwer (10 cm lang)
200 g weiche Butter
175 g Zucker
4 Eier (M)
150 g Rosinen
60 g getrocknete Kirschen
60 g Orangeatwürfel
60 g Zitronatwürfel

AUSSERDEM
Springform (18 cm ∅)
Mehl zum Wenden
Puderzucker zum Bestäuben

GUT ZU WISSEN
Bevor die Trockenfrüchte in den Teig kommen, werden sie in etwas Mehl gewendet. Das verhindert, dass sie beim Backen zu stark auf den Boden des Kuchens absinken.

1 Den Backofen auf 180° vorheizen. Den Boden der Springform mit Backpapier belegen. Mehl und Backpulver mischen. Den Ingwer schälen und in sehr feine Würfel schneiden.

2 Butter und Zucker in eine Rührschüssel geben und mit den Rührbesen des Handrührgeräts hellcremig rühren. Die Eier einzeln einrühren. Dann die Mehlmischung unterrühren. Rosinen, Kirschen, Orangeat und Zitronat mischen, in etwas Mehl wenden und vorsichtig unterheben.

3 Den Teig in die Form füllen und glatt streichen. Im Ofen (Mitte) ca. 25 Min. backen. Den Kuchen aus dem Ofen nehmen und kurz in der Form abkühlen lassen. Danach herauslösen und auf einem Kuchengitter ganz auskühlen lassen. Den Kuchen mit Puderzucker bestäuben, in Stücke schneiden und servieren.

Für ca. 25 Stück • 15 Min. Zubereitung • 25 Min. Backen • Pro Stück ca. 265 kcal, 5 g E, 15 g F, 28 g KH

DOMINOSTEINKUCHEN

RAFFINIERT

250 g Dominosteine
250 g weiche Butter
250 g Zucker
5 Eier (M)
300 g Mehl
1 TL Backpulver
25 g Kakaopulver
Salz
200 g Zartbitter-Kuvertüre
1 EL Kokosöl

AUSSERDEM
Backrahmen

1 Den Backofen auf 180° vorheizen, ein Backblech mit Backpapier belegen. Den Backrahmen daraufstellen und auf 20 × 25 cm einstellen. Die Dominosteine in dünne Scheiben schneiden.

2 Butter und Zucker hellcremig rühren. Die Eier einzeln einrühren. Mehl, Backpulver, Kakao und 1 Prise Salz mischen. Die Mehlmischung unter die Eiermasse rühren. Zuletzt die Dominosteine vorsichtig unterheben. Den Teig gleichmäßig in den Backrahmen füllen und im Ofen (Mitte) ca. 25 Min. backen. Den Kuchen aus dem Ofen nehmen und vollständig auskühlen lassen.

3 Die Kuvertüre grob hacken. Mit dem Kokosöl in eine Schüssel geben und über dem heißen Wasserbad schmelzen. Die geschmolzene Kuvertüre glatt auf dem Kuchen verstreichen und trocknen lassen. Den Kuchen danach in Stücke (4 × 5 cm) schneiden.

Für 13 Stücke • 15 Min. Zubereitung • 12 Min. Backen • Pro Stück ca. 150 kcal, 3 g E, 6 g F, 22 g KH

NUSS-NUGAT-STERN

EINFACH

1 Rolle frischer Hefeteig (450 g, aus dem Kühlregal)
125 g Nuss-Nugat-Creme
1 Eigelb
1 EL Milch

1 Den Backofen auf 180° vorheizen, ein Backblech mit Backpapier belegen. Den Hefeteig entrollen und zwei Kreise (18 cm ∅) ausschneiden. Den restlichen Hefeteig zusammenkneten, erneut ausrollen und wieder zwei Kreise ausschneiden.

2 Einen Kreis auf das Backblech legen. Mit 1 gehäuften TL Nuss-Nugat-Creme bestreichen. Einen weiteren Kreis darauflegen und wieder mit 1 TL Nuss-Nugat-Creme bestreichen. Mit dem dritten Kreis wiederholen und mit dem letzten Kreis abdecken.

3 Ein Glas (5 cm ∅) mittig auf den Teigstapel stellen und den Teig bis zum Glas in 12 Tortenstücke schneiden. Dann jedes Tortenstück zweimal in sich verdrehen. Eigelb und Milch verquirlen und den Stern damit bestreichen. Den Stern im Ofen (Mitte) ca. 12 Min. backen. Herausnehmen und auf einem Kuchengitter auskühlen lassen.

REGISTER

Vegane Rezepte, die im Buch mit einem 🌢 gekennzeichnet sind, sind hier grün abgesetzt.

Abkürzungsverzeichnis:
E = Eiweiß
EL = Esslöffel (gestrichen)
F = Fett
kcal = Kilokalorien
KH = Kohlenhydrate
Msp. = Messerspitze
Pck. = Päckchen
TK = Tiefkühl
TL = Teelöffel (gestrichen)
Ø = Durchmesser

Projektleitung: Dr. Maria Haumaier
Lektorat: Petra Teetz
Korrektorat: Ulrike Wagner
Innen- und Umschlaggestaltung: independent Medien-Design, Horst Moser, München
Herstellung: Mendy Willerich
Satz: Kösel, Krugzell
Reproduktion: medienprinzen GmbH, München
Druck und Bindung: Firmengruppe APPL, aprinta druck, Wemding
Syndication: www.seasons.agency
Printed in Germany

3. Auflage 2021
ISBN 978-3-8338-7578-6

www.facebook.com/gu.verlag

GRÄFE UND UNZER
Ein Unternehmen der
GANSKE VERLAGSGRUPPE

DIE AUTORIN

Giulia Davidsson ist gelernte Konditorin. Ihre Leidenschaft ist wunderbares Konfekt mit und ohne Füllung und aufwendiger Deko. Doch sie liebt auch unkompliziertes, schnelles Weihnachtsgebäck, bei dem mehr Zeit zum Naschen bleibt.

DER FOTOGRAF

Mathias Neubauer hegt eine Leidenschaft für gutes Essen und hat ein Händchen dafür, jedes Gericht im besten Licht zu präsentieren. Zusammen mit Konditormeisterin **Mareike Hill** (Foodstyling) verwandelte er sein Fotostudio in eine erstklassige Backstube und setzte dieses geniale Express-Weihnachtsgebäck gekonnt in Szene.

BILDNACHWEIS

Mathias Neubauer: S. 06–59 und Stepfotos auf den Klappen
Coco Lang: S. 01, 05 und Stillleben auf den Klappen
Privat: Autorenfoto

Umwelthinweis:
Dieses Buch ist auf PEFC-zertifiziertem Papier aus nachhaltiger Waldwirtschaft gedruckt.

QUALITÄTS G|U GARANTIE

LIEBE LESERINNEN UND LESER,

wir wollen Ihnen mit diesem Buch Informationen und Anregungen geben, um Ihnen das Leben zu erleichtern oder Sie zu inspirieren, Neues auszuprobieren. Wir achten bei der Erstellung unserer Bücher auf Aktualität und stellen höchste Ansprüche an Inhalt und Gestaltung. Alle Anleitungen und Rezepte werden von unseren Autoren, jeweils Experten auf ihren Gebieten, gewissenhaft erstellt und von unseren Redakteur*innen mit größter Sorgfalt ausgewählt und geprüft.

Haben wir Ihre Erwartungen erfüllt? Sind Sie mit diesem Buch und seinen Inhalten zufrieden? Wir freuen uns auf Ihre Rückmeldung. Und wir freuen uns, wenn Sie diesen Titel weiterempfehlen, in Ihrem Freundeskreis oder bei Ihrem Online-Kauf.

Sollten wir Ihre Erwartungen so gar nicht erfüllt haben, tauschen wir Ihnen Ihr Buch jederzeit gegen ein gleichwertiges zum gleichen oder ähnlichen Thema um.

KONTAKT ZUM LESERSERVICE

GRÄFE UND UNZER VERLAG
Grillparzerstraße 12
81675 München
www.gu.de

APPETIT AUF MEHR?

ISBN 978-3-8338-2710-5

ISBN 978-3-8338-3312-0

ISBN 978-3-8338-6616-6

ISBN 978-3-8338-6125-3

ISBN 978-3-8338-1677-2

ISBN 978-3-8338-6763-7

Auch als eBook erhältlich.

GU

Mehr von GU auf **www.gu.de** und **facebook.com/gu.verlag**

DIE »GU KOCHEN PLUS«-APP

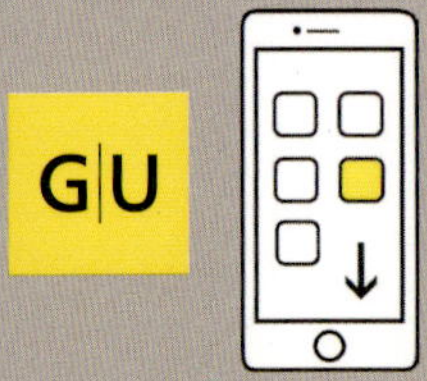

1 APP HERUNTERLADEN

Laden Sie die kostenlose »GU Kochen Plus«-App im Apple App Store oder im Google Play Store auf Ihr Smartphone. Starten Sie die App und wählen Sie Ihren Küchenratgeber aus.

2 REZEPTBILD SCANNEN

Scannen Sie das gewünschte Rezeptbild mit der Kamera Ihres Smartphones. Klicken Sie im Display die Funktion Ihrer Wahl.

3 FUNKTIONEN NUTZEN

Sammeln Sie Ihre Lieblingsrezepte. Speichern und verschicken Sie Ihre Einkaufslisten. Oder nutzen Sie den praktischen Supermarkt-Finder und den Rezept-Planer.